Papyrus Bodmer III

ÉVANGILE DE JEAN ET GENÈSE I-IV, 2

en bohaïrique

CORPUS
SCRIPTORUM CHRISTIANORUM ORIENTALIUM
EDITUM CONSILIO
UNIVERSITATIS CATHOLICAE AMERICAE
ET UNIVERSITATIS CATHOLICAE LOVANIENSIS
Vol. 178

SCRIPTORES COPTICI
TOMUS 26

Papyrus Bodmer III

ÉVANGILE DE JEAN ET GENÈSE I-IV, 2

en bohaïrique

TRADUIT

PAR

RODOLPHE KASSER

LOUVAIN
SECRÉTARIAT DU CorpusSCO
7, AV. VAN DEN BEMPT
1958

INTRODUCTION

Voici la traduction du Papyrus Bodmer III, que nous avons publié, grâce à la bienveillance de M. Martin BODMER (Genève), au tome 177 du CSCO. Il contenait originellement, en un codex d'un seul tenant, l'Évangile de Jean suivi des premiers chapitres de la Genèse (I-IV, 2 inclus) ; dans son état actuel, il est gravement mutilé pour la section Jh I-IV, 19, dont il ne subsiste que de rares débris.

L'âge et le dialecte du codex lui confèrent un intérêt spécial. Il n'est pas exclu que sa date puisse être reculée jusqu'au IVe siècle. Mis à part le court fragment du Papyrus Michigan 926, qui fut publié en 1947 par Mrs HUSSELMAN, le Papyrus Bodmer III est, à notre connaissance actuelle, le seul document littéraire écrit en bohaïrique avant le IXe siècle.

Dans l'Introduction au texte, nous avons décrit le codex, et signalé les particularités de sa langue. Nous avons fait voir comment fut établie, selon nous, cette copie privée : très vraisemblablement, elle fut l'œuvre d'un scribe assez maladroit, à partir d'un modèle sahïdique antérieur à ceux qui nous sont connus. Nous avons noté aussi, très brièvement, quelques faits capables d'engager la critique à rechercher si ce curieux document n'aurait pas vu le jour dans un milieu peu orthodoxe, peut-être un milieu gnostique. Jusqu'ici, rappelons-le, nul n'a pu révéler la provenance précise du Papyrus Bodmer III. Sur ces problèmes, le lecteur pourra consulter notre Introduction au texte. Il nous suffit, ici, d'introduire la traduction par un court avertissement.

Il ne s'agissait pas de traduire, une fois de plus, le quatrième évangile, mais d'exprimer en français, aussi fidèlement que notre langue le permet, cette version copte très particulière de l'Évangile de Jean. Mais que doit être la fidélité de la version, et même, que peut-elle être, quand un traducteur français s'attaque à un texte copte ? On pourrait en discuter à l'infini, tant sont éloignés les uns des autres les moyens d'expression, et, particulièrement la syntaxe de ces deux langues. Disons simplement que notre version n'a aucune prétention littéraire, et que même, elle exclut toute prétention de ce genre.

C'est à la littéralité que nous avons tendu, dans la mesure où elle est compatible avec un français intelligible; même, en certains endroits, c'est consciemment que nous avons donné à la littéralité le pas sur l'observance d'un français rigoureux, mais ce sont uniquement des touches isolées, que nous avons admises pour suggérer la construction du copte. Nous ne garantissons pas non plus que telle tournure française rende invariablement la même tournure copte, car la différence des contextes nous inclinait à des traitements différents [1]. Enfin, mieux que d'autres, les coptisants saisiront pourquoi, serrée qu'elle est généralement, notre traduction s'est faite, à l'occasion, plus libre; ils constateront aussi que, plus d'une fois, l'orthographe aventureuse du codex mettait le traducteur devant une option arbitraire : ainsi, l'habitude du copiste, de doubler ou de supprimer la nasale, jette l'amphibologie sur certains auxiliaires verbaux. Au moins avons-nous tâché qu'il ne se rencontre, en notre version, aucune méprise grave sur le sens.

Comme ils l'ont fait pour l'établissement du texte copte, les Professeurs L. Th. LEFORT et R. DRAGUET ont longuement travaillé avec nous à la traduction. Nous leur exprimons notre vive gratitude.

Combas-par-Fontanès (Gard)   Pasteur R. KASSER.

---

[1] A titre d'exemple, signalons notre traduction de l'article indéfini *ou*, dont le copte fait un usage qui ne cadre pas avec l'emploi de l'article français *un* (cfr L. STERN, *Koptische Grammatik*, § 232. Leipzig, 1880): en Jh 1, *1* nous traduisons : « le Logos était (..) Dieu », mais en Jh 4, *4*, et très souvent ailleurs, nous disons : « *une* vie éternelle ». — Voir aussi, pour un phénomène du même genre, la note de p. 21.

[ÉVANGILE SELON JEAN]

I. 1. Au commencement [était le Logos], et le Log[os se trouvait p. 1
auprès de Dieu], et [le Logos] était [Dieu]. **2**. Celui-ci au
[commencement se trouvait auprès de] Dieu [... **9**. Celui-ci] était
[la lu]mière vraie, [celle qui] éclaire [tout homme et] vient au
mon[de. **10**. Il était dans le mon]de [... **14**. ... de la part de
son] Père, [plein de grâce et de véri]té. **15**. [Jean témoi]gne
[à son sujet en criant et] disant : [« Celui], dont [j'ai dit qu'il
vient après] moi, [m'a précédé (?) » ... **18**. [Dieu, personne ne
l'a vu] jamais ; [le Monogène-Dieu], celui [qui se trouve dans le
sein de son] Père, [c'est lui qui a parlé **19**. ... quand [envoyèrent
à lui] les Juifs [de Jérusa]lem des [prêtres... **20**. [Il manifesta,
il ne nia pas, il manifesta : « Ce n'est pas moi le] Christ ». **21**. [Ils
l'interrogèrent : « Est-ce toi Éli]e? » ; il [répondit : « Non. »]
« Est[-ce toi le prophète? » **24**. ... des pharisi]ens. **25**. [Ils l'interrogèrent en] lui [disant ... **40**. [André, le frère de Simon-
Pierre], c'était [un des deux] qui [enten]dirent [... **45**. ... et les
prophè]tes, [nous l'avons trouvé] ; c'est Jésus [...

II. 9. ...] l'[architriclinos] appela [le marié... **11**. ... ; il
manifesta sa] gloire et [ses disci]ples [crurent ... **15**. [il fabriqua
un fou]et [avec des cordes, il] les jeta [tous ... **16**. [Il dit à ceux
qui vendaient des] colombes : [« Enlevez cela] d'ici [...

III. 33. [celui qui recevra son témoign]age [celui-là a confirmé
que Di]eu [est véridique.

IV. 5. ... que Jaco]b donna [à Joseph son fils. **6**. Et se trouvait]
là [une fontaine ... **13**. Jésus] ré[pondit en dis]ant [: « Quiconque
boira] de [cette eau que moi je lui] donne[rai, n'aura jamais soif.]
14. Mais l'eau [que je lui donnerai] devien[dra] en lui [une fon-
taine] d'[eau] jaillissant pou[r une vie] éternelle. » **15**. [La fem]me
lui dit : « Seigneur, donne-[moi de cette eau ... »

... **20**. ... « le lieu où il] faut [l'adorer. »] **21**. [Jésus] lui dit : p. 2
« [Aie] confiance, femme, qu'arrive [une heu]re où vous n'[adore-
rez] plus le Père, [ni] (p. 23) sur cette monta[gne, ni] à Jérusalem.

22. [Vous, vous ado]réz ce que vous [ne connaissez] pas; <tandis que nous, nous adorons ce que nous connaissons>; parce que [le salut] vient des [Juifs. **23.** Mais elle vient [l'heure, c'est] maintenant, où les [adorateurs] vrais adoreront [le Père] en esprit et [en vérité;] en effet, le Père recherche [ceux de] cette sorte qui [l]'adoreront. **24.** Dieu est esprit, et [à ceux qui [l'a]doreront il importe [qu'ils] l'adorent en esprit [et] vérité. » **25.** La femme [lui] dit : « Je sais que [Mes]sie vient, celui qui est appelé le Christ; quand celui-là [vient, il] nous apprend[ra toute chose]. » **26.** (p. 24) Jésus [lui] dit : « C'est moi, [celui-là qui parle] avec toi. »

27. Et sur [cela, ses] disciples vinrent, [et ils étaient] étonnés qu'il parlait [avec] une femme; et personne ne [lui dit] : « Que cherches-tu, ou pour[quoi] par[les-tu] avec elle ? » **28.** La femme posa sa [cruche], elle s'en alla vers [la ville et] dit aux gens : **29.** « Venez, voy[ez] un homme qui [m'a dit] tout ce que j'ai fait; [est-ce que peut-être celui]-là est le Christ ? » **30.** Ils sortirent de [la vil]le, et ils vinrent à [lui].

31. Et sur cela les disci[ples] le priaient en disant : « Maître, mange. » **32.** Et lui il [dit] : « J'ai une [nourriture à manger, que vous ne connaissez pas, vous autres. » **33.** [Ses] disciples disaient entre eux (p. 25) : « Est-ce que peut-être, quelqu'un [lui a apporté à] manger ? » **34.** Et [Jésus leur] dit : « Ma nourriture, moi, c'est que [je fasse la vo]lonté de celui qui m'a envoyé, [et que] j'accomplisse son œuvre. **35.** [Est-ce que] ce n'est pas vous qui [dites] : Encore quatre mois [pour que la moisson arrive]. Voici que je [vous] le dis : [Levez] vos yeux, [voyez que les] champs sont blancs à [être moissonnés. **36.** Et celui qui] moissonnera recevra un salaire, [il] rassemblera un fruit pour [une vie éter]nelle; afin que celui qui [sème et celui] qui moissonne se réjouissent [ensemble. **37.** Sur] cela, en effet, vraie est [la parole] : C'est un autre celui qui sè[me, et] c'est un autre celui qui moissonne. **38.** [Moi je] vous ai envoyés pour moissonner [ce] à quoi vous n'avez pas peiné, [et] d'autres ont [peiné, et] vous êtes entrés dans [leur labeur]. »

p. 3

39. (p. 26) Et [de] cette ville-là [une foule de Sa[maritains] c]rurent en lui, à cause de la parole de la [femme] témoignant : « Il m'a dit [tout ce que] j'ai fait. » **40.** Et lorsque [les] Samaritains vinrent [à lui], ils [le] prièrent [de] demeurer près d'eux; <et il

demeura près d'eux> [deux jours]. **41**. Et [une foule] crut à cause de sa parole. **42**. Ils [dis]aient à la femme : « Nous n'avons [pas] cru [à cause] de tes paroles ; car nous, [nous] l'[avons en]tendu, [et nous] savons que celui-ci vraiment [est le sauveur] du monde. »

5 **43**. [Après] les deux jours, il alla [de là vers] la Galilée. **44**. Car lui [il té]moigna qu'il n'y a pas de prophète honoré dans sa propre [ville]. **45**. Quand donc il entra [en Galilée, les Gali]léens le reçurent parce qu'ils avaient vu toutes [les œuvres] qu'il avait opérées, (p. 27) à Jérusalem pendant la fête ; parce que eux aussi étaient 10 [allés] à la fête.

46. Il entra aussi à Cana de Galilée, lieu où il fit que l'eau [fût vin]. Il y avait un basilicos, [dont le] fils était malade, à Ca[pharnaüm]. **47**. Et lorsque celui-là entendit que Jésus était sorti de la Judée vers la Galilée, il alla à lui ; il le priait afin qu'il 15 descendît et guérît son fils, [car] il allait [mourir]. **48**. Et Jésus lui dit : « A moins que vous n'ayez vu des miracles et [des merveilles], vous ne croirez pas. » **49**. Le basilicos [lui] dit : « [Mon Seigneur, descends] avant que ne meure [mon garçon]. » **50**. Jésus lui dit : « [Va], ton fils est vivant. » [Et] l'homme crut en la 20 parole que [lui] avait dite Jésus ; il s'en alla. **51**. Et [quand il descendait], ses serviteurs [vinrent] à sa rencontre (p. 28) en disant : « Ton fils est vivant. » **52**. Il les interrogeait sur l'heure à laquelle il s'était trouvé mieux. Ils lui dirent : « A la septième heure la fièvre l'a quitté. » **53**. Son père sut que c'est à cette p. 4 25 heure-là que Jésus lui avait dit : « Ton fils est vivant. » Il crut, lui et toute sa [maison]. **54**. Et tel est aussi le second miracle que Jésus fit, quand il sortit de la Judée vers la Galilée.

V. **1**. Et [après] cela, c'était la fête des [Juifs]. Jésus monta à Jé[rusale]m. **2**. Et à Jérusa[lem] il y avait une piscine [à] 30 Probatikè, appelée en hébreu Betsaïda, en laquelle il y avait [cinq] portiques. **3**. [Y] était couchée une foule de malades, [des boi]teux, des aveugles et [quelques] impotents. [**4**. *manque*]. **5**. Et se trouvait là [un homme] qui avait passé (p. 29) trente-huit ans dans sa maladie. **6**. Et lorsque Jésus vit celui-là couché, il sut qu'il avait 35 déjà passé un long temps dans sa maladie ; il lui dit : « Désires-tu guérir ? » **7**. Le malade lui répondit : « Mon Seigneur, je n'ai pas d'homme pour, quand l'eau est agitée (mêlée), me descendre dans la piscine ; et tandis que j'arrive, un autre m'a précédé en bas. »

47. Si aux écrits de celui-là vous ne croyez pas, comment croirez-vous en mes paroles ? »

VI. **1**. Après cela Jésus s'en alla (p. 36) au-delà de la mer de Galilée de Tibériade. **2**. Et une grande foule le suivait, parce qu'elle p. 7 voyait les miracles qu'il opérait sur les malades. **3**. Et Jésus s'en alla en haut sur la montagne ; il s'assit là avec ses disciples. **4**. La Pâque, la fête des Juifs, s'était approchée. **5**. Jésus leva les yeux, il vit une grande foule venant à lui ; il dit à Philippe : « Où trouverons-nous du pain pour que ceux-là mangent ? » **6**. Et cela il le dit en l'éprouvant ; car lui, il savait ce qu'il avait dessein de faire. **7**. Philippe lui répondit : « Deux cents statères de pains ne suffiront pas pour que chacun reçoive un morceau. » **8**. Un d'entre ses disciples, André, (p. 37) frère de Simon-Pierre, lui dit : **9**. « Il y a ici un garçon qui a cinq pains d'orge et deux poissons ; mais qu'est-ce aussi cela devant cette foule ? » **10**. Jésus dit : « Que les gens s'installent. » Il y avait de l'herbe abondante en cet endroit, — les gens s'installèrent ; leur nombre (était) de cinq mille. **11**. Et Jésus prit les pains, rendit grâces, les donna à ceux qui étaient installés, — de même aussi avec les poissons, — autant qu'ils le désiraient. **12**. Quand ils furent rassasiés, il dit à ses disciples : « Ramassez les morceaux qui ont été de trop, afin que rien ne se perde. » **13**. Ils ramassèrent donc ce qui avait été de trop, et remplirent douze corbeilles de morceaux des cinq pains d'orge, ce qui avait été de trop pour ceux qui avaient mangé.

14. Et les gens qui avaient vu le miracle qu'il avait opéré disaient : « Vraiment, celui-là est le prophète devant venir dans le monde. » **15**. Lorsque Jésus sut (p. 38) qu'ils étaient décidés à venir, à l'enlever et à le faire roi, il se retira sur la montagne tout seul.

16. Et quand le soir arriva, ses disciples descendirent à la mer ; **17**. ils montèrent en barque et allèrent vers la rive opposée (au-delà) de la mer vers Capharnaüm ; l'obscurité était déjà arrivée, et Jésus n'était pas encore venu à eux. **18**. La mer s'était soulevée par suite de la poussée d'un grand vent. **19**. Quand ils se furent éloignés de vingt-cinq ou trente stades, ils virent Jésus marchant sur la mer et arrivé près de la barque ; ils eurent peur. **20**. Et lui, il leur dit : « C'est moi, n'ayez pas peur. » **21**. Ils voulaient le prendre à eux dans la barque, et aussitôt la barque accosta au rivage à l'endroit [où ils] devaient se rendre.

22. Et le lendemain, la foule, qui se tenait sur (l'autre bord) de la mer, vit qu'il n'y avait là point de barques sauf une, et que Jésus ne s'en était pas allé avec ses disciples sur la barque, mais p. 8 que ses (p. 39) disciples seuls s'en étaient allés; **23.** et d'autres
5 barques vinrent de Tibériade à proximité de l'endroit où ils avaient mangé les pains [sur lesquels] Jésus avait rendu grâces. **24.** Quand la foule vit que Jésus n'était pas là, ni non plus ses disciples, elle monta en barque et vint à Capharnaüm, cherchant Jésus. **25.** L'ayant trouvé au delà du Jourdain, elle lui dit : « Maître, quand
10 es-tu venu ici ? » **26.** Jésus répondit et leur dit : « En vérité, en vérité, je vous le dis, vous ne me cherchez pas parce que vous avez vu des miracles, mais parce que vous avez mangé des pains, et avez été [rassasiés]. **27.** Travaillez donc, non pour une nourriture périssable, mais [pour] la nourriture qui se tient pour une vie éternelle,
15 celle que le Fils de l'homme vous donnera; car celui-ci, le Père, l'a marqué du sceau. » **28.** Ils lui dirent : (p. 40) « Que ferons-nous pour opérer les œuvres de Dieu ? » **29.** Jésus répondit et dit : « L'œuvre de Dieu est en ceci, que vous croyiez en celui qu'il a envoyé. » **30.** Ils lui dirent : « Quel miracle opères-tu, pour que
20 nous voyions et croyions en toi; que fais-tu ? **31.** Nos pères ont mangé la manne au désert, comme il est écrit : *Il leur donna du pain du ciel, pour le manger* (Ps. LXXVIII, 24). »

32. Jésus leur dit : « En vérité, en vérité je vous le dis, ce n'est pas Moïse qui vous a donné du pain du ciel, mais [c'est mon] Père qui
25 vous donnera le vrai pain du ciel; **33.** car le pain de Dieu est celui qui descend du ciel et donne la vie au monde. » **34.** Ils lui dirent : « Seigneur, donne-nous ce pain (p. 41) toujours. » **35.** Jésus leur dit : « C'est moi le pain de la vie; celui qui vient à moi n'aura pas faim; celui qui croira en moi, n'aura jamais soif.
30 **36.** « Mais j'ai dit, et vous m'avez vu, et vous ne croyez pas. **37.** Tous ceux que mon Père m'a donnés viendront à moi, et celui qui vient à moi, je ne le rejetterai pas; **38.** parce que je ne suis pas descendu du ciel ｛du ciel｝ pour faire ma volonté, mais la volonté de celui qui m'a envoyé. **39.** Et ceci est sa volonté, que de tous
35 ceux qu'il m'a donnés, je n'en fasse périr aucun, mais que je les ressuscite au dernier jour. **40.** Car telle est sa volonté, que tous p. 9 ceux qui verront le Fils croient en lui et reçoivent une vie éternelle, et que moi je les ressuscite au dernier jour. »

la foule à son sujet; les uns disaient : « C'est un bon »; et d'autres
disaient : « Non, mais il égare la foule. » **13**. Et il n'y avait personne pour parler de lui ouvertement, à cause de la crainte des
Juifs.

14. Quand la fête fut à moitié, Jésus monta au temple et ensei- 5
gna. **15**. Les Juifs s'étonnèrent en disant : « Comment celui-là
sait-il les lettres sans avoir été instruit? » **16**. Jésus répondit et leur
dit : « Ma doctrine à moi n'est pas mienne, mais (est) celle de
celui qui m'a envoyé. **17**. Si (p. 48) quelqu'un veut faire sa
volonté, il saura si ma doctrine est une (venant) de Dieu, ou si 10
c'est moi qui la profère de moi-même. **18**. Celui qui parle de
lui-même cherche sa gloire, tandis que celui qui cherche la gloire
de celui qui l'a envoyé, celui-là est un vrai[1]. **19**. N'est-ce pas
Moïse qui vous a donné la Loi? il n'est personne d'entre vous
qui pratique la Loi; pourquoi cherchez-vous à me tuer? » **20**. La 15
foule répondit : « Il y a un démon avec toi; qui te cherche pour
te tuer? » **21**. Jésus répondit et leur dit : « C'est une seule chose
p. 12 que j'ai faite, et vous vous étonnez tous. **22**. C'est pourquoi Moïse
vous a donné la circoncision, non qu'elle soit de Moïse, mais des
pères, et vous circoncisez un homme le sabbat. **23**. Si donc un 20
homme recevra la circoncision le sabbat, (p. 49) afin que vous ne
transgressiez pas la Loi de Moïse, pourquoi vous irritez-vous contre
moi parce que j'ai guéri tout un homme le sabbat? **24**. Ne jugez
pas d'après la face, mais jugez en un jugement juste. »

25. Et quelques-uns des Hiérosolymitains disaient : « N'est-ce pas 25
celui-là qu'on cherchait à faire périr? **26**. Voici qu'il parle libre-
ment, et personne ne lui dit rien; est-ce que vraiment les archontes
et les grands prêtres ont appris que celui-là est le Christ? **27**. Mais
celui-là nous savons d'où il est, tandis que, quand le Christ vient,
personne ne saura d'où il est, ou de quelle manière il vient. » 30
28. Et Jésus s'écria dans le temple et dit : « Vous me connaissez
et vous savez d'où moi je suis, car je ne suis pas venu de moi-même,
mais vrai est celui qui m'a envoyé, lui que vous, vous ne connaissez
pas; **29**. tandis que moi je le connais, (p. 50) car je suis de lui,
et c'est lui qui m'a envoyé. » **30**. Ils cherchaient donc à s'emparer 35
de lui, et personne ne porta les mains sur lui, parce que son heure
n'était pas encore arrivée.

---

[1] La finale : « et il n'y a pas en lui d'injustice », est omise.

31. Et beaucoup parmi la foule crurent en lui, et disaient :
« Quand le Christ vient, est-ce qu'il fera plus que les miracles que
celui-là a faits ? » **32**. Et les pharisiens entendirent les foules mur-
murer à son sujet en disant cela ; les grands prêtres et les pharisiens
5 envoyèrent des serviteurs pour s'emparer de lui. **33**. Jésus dit :
« C'est encore un peu de temps que je passerai avec vous, et je m'en
irai auprès de celui qui m'a envoyé. **34**. Vous me chercherez, vous
ne me trouverez pas, et au lieu où moi je m'en irai, vous ne pourrez
aller. » **35**. Les Juifs dirent entre eux : « Où donc celui-là s'en ira-
10 t-il (p. 51) pour que nous ne le trouvions pas ? est-ce que peut-être
il s'en ira dans la diaspora des Grecs, et enseignera-t-il les Grecs ?
36. Que signifie cette parole qu'il a dite : Vous me chercherez et
<vous ne me trouverez pas>, et au lieu où j'irai, vous ne pourrez
y aller ? »

15 **37**. Et pendant le dernier jour de la grande fête, Jésus se mit à p. 13
s'écrier en disant : « Que celui qui a soif vienne à moi, et boive.
38. Celui qui croit en moi, comme l'a dit l'Écriture, des fleuves
d'eau de vie jailliront de son sein. » **39**. Et cela il le dit au sujet
de l'esprit que recevraient ceux qui avaient cru en lui. Car ils
20 n'avaient pas encore reçu d'esprit, parce que Jésus n'avait pas
encore été glorifié.

40. Quand certains de la foule entendirent ces paroles, ils dirent :
« Vraiment celui-là est le prophète. » **41**. D'autres disaient : « Celui-
là est le Christ », d'autres disaient : « Est-ce que le Christ viendrait
25 de Galilée ? **42**. L'Écriture n'a-t-elle pas dit (p. 52) : De la lignée
de David, et de Bethléem, le village d'où (fut) David, le Christ
vient ? » **43**. Un schisme se fit dans la foule à cause de lui. **44**. Certains d'entre eux voulaient se saisir de lui, mais personne ne porta
les mains sur lui.

30 **45**. Les serviteurs vinrent chez les grands prêtres et les pharisiens. Ceux-ci leur dirent : « Pourquoi ne l'avez-vous pas amené ? »
46. Les serviteurs répondirent et leur dirent : « Homme n'a jamais
parlé comme cet homme. » **47**. Les pharisiens répondirent : « Êtes-
vous dévoyés, vous aussi ? **48**. Est-ce qu'il est quelqu'un parmi les
35 archontes ou parmi les pharisiens qui a cru en lui ? **49**. Mais cette
foule-là, ignorante de la Loi, est sous (le coup de) la malédiction. »
50. Nicodème, celui qui vint à lui antérieurement, — un d'entre
eux, — leur dit : (p. 53) **51**. « Est-ce que notre Loi condamnera

un homme, à moins de l'avoir entendu d'abord et de savoir ce qu'il
a fait ? » **52**. Ils répondirent et lui dirent : « Est-ce que toi aussi tu
es Galiléen ? Scrute et vois que le Christ, ou le prophète, ne se lèvera
pas de la Galilée. »

VIII. **12**. Jésus leur parla de nouveau en disant : « C'est moi la
lumière du monde ; celui qui me suivra ne marchera pas dans l'obscurité, mais il recevra la lumière de la vie. » **13**. Les Pharisiens
p. 14 lui dirent : « Toi, tu as témoigné pour toi, ton témoignage n'est
pas juste. » **14**. Jésus répondit et leur dit : « Si j'ai témoigné pour
moi, mon témoignage à moi est juste, parce que je sais d'où je suis
venu et où je m'en irai, <tandis que vous, vous ne savez pas d'où
je suis venu ni où je m'en irai>. **15**. Vous, vous jugez selon la
chair, tandis que moi je ne juge personne. **16**. Et s'il arrive que
je juge, mon jugement à moi est juste, parce que je ne suis pas
seul, mais [il y a] moi et [le] Père qui m'a envoyé. (p. 54) **17**.
Dans votre Loi aussi il est écrit : Le témoignage de deux hommes
est juste. **18**. Moi, je témoigne à mon sujet, et mon Père qui m'a
envoyé témoigne pour moi. » **19**. Ils lui dirent : « Où est ton
Père ? » Jésus répondit et dit : « Moi, vous ne me connaissez pas,
ni non plus mon Père ; si vous me connaissiez, vous connaîtriez aussi
mon Père. » **20**. Cela il le dit dans le Trésor, en instruisant dans
le temple ; et personne ne s'empara de lui, parce que son heure n'était
pas encore arrivée.

21. Il leur dit encore : « Je m'en irai, moi, et vous me chercherez,
et vous mourrez dans vos péchés ; au lieu où moi j'irai, il ne vous
est pas possible d'aller. » **22**. Les Juifs donc disaient : (p. 55)
« Est-ce qu'il se suicidera, vu qu'il dit : Au lieu où je m'en irai, vous,
vous ne pourrez aller ? » **23**. Il leur dit : « Vous, vous êtes d'en bas,
tandis que moi je suis d'en haut ; vous, vous êtes de ce monde, tandis
que moi je ne suis pas de ce monde. **24**. Je vous ai donc dit que
vous mourrez dans vos péchés ; à moins que vous ne croyiez que Je
suis[1], <vous mourrez dans vos péchés>. » **25**. Ils lui dirent :
« Qui es-tu ? » Jésus leur dit : « Puisque j'ai commencé à vous parler,
26. j'ai encore beaucoup à dire devant vous, et à juger ; mais celui
qui m'a envoyé est un juste ; et moi, de mon côté, ce que j'ai entendu

---

[1] En copte : **anok-pe**, qui signifie aussi bien *je suis* que *c'est moi* (cfr, par ex.
infra, IX, 9 ; XVIII, 5).

de lui, c'est cela que je dis dans le monde. »   **27**. Et ils ne comprirent pas qu'il leur avait parlé du Père. »   **28**. Jésus leur dit :
« Quand le Fils de l'homme sera élevé, alors vous comprendrez qui
je suis, car je ne fais rien de moi-même, (p. 56) mais comme mon
5 Père m'a enseigné, c'est cela que je dis ;   **29**. et celui qui m'a envoyé p. 15
est avec moi, il ne m'a pas laissé seul, parce que en vérité je fais
en tout temps ce qui lui plaît. »

   30. Pendant qu'il disait cela, une foule crut en lui. **31**. Et il
disait à l'adresse des Juifs qui avaient cru en lui : « Si vous vous
10 en tenez à ma parole, vous vraiment vous êtes mes disciples, **32**. et
vous connaîtrez la vérité ; la vérité vous fera libres. » **33**. Ils lui
répondirent : « Nous sommes la semence d'Abraham, nous n'avons
jamais servi personne ; comment donc dis-tu, toi, que nous serons
libres ? » **34**. Jésus répondit et leur dit : « En vérité, en vérité je
15 vous le dis : Quiconque ne pratique pas la vérité est serviteur du
péché ; **35**. et le serviteur ne demeure pas pour toujours dans la
maison, tandis que le fils, lui, (y) demeure pour toujours. **36**. Si
le Fils vous fait libres, réellement vous (serez) libres.

   37. (p. 57) « Je sais que vous êtes la semence d'Abraham, mais
20 vous me cherchez pour me tuer, parce que ma parole n'est pas en
vous. **38**. Ce que moi j'ai vu près de mon Père, c'est ce que je
vous dis, et vous autres c'est ce que vous avez vu près de votre père
que vous faites. » **39**. Ils répondirent et lui dirent : « C'est Abraham notre père. » Jésus leur dit : « Si vous étiez les fils d'Abraham,
25 vous feriez les œuvres d'Abraham ; **40**. maintenant vous me cherchez pour me tuer, (moi) un homme qui vous a dit la vérité, celle
qu'il a entendue de Dieu ; ce qu'Abraham n'a pas fait, vous le faites.
41. Vous, vous faites les œuvres de votre père. » Ils lui dirent :
« Nous, nous ne sommes pas nés d'une prostitution, mais nous avons
30 un seul Père, à savoir Dieu. » **42**. (p. 58) Jésus leur dit : « Si Dieu
était votre père vous m'aimeriez, car moi je suis venu d'auprès de
Dieu, et je ne suis pas venu de moi-même, mais c'est lui qui m'a
envoyé. **43**. Pourquoi ne comprenez-vous pas mon langage ? Parce
qu'il vous est impossible d'écouter ma parole. **44**. Vous, vous êtes
35 de votre père le diable, et les désirs de votre père vous voulez les
réaliser ; celui-là était meurtrier dès le principe et il ne se tint pas à
la vérité, parce que vraiment la vérité n'est pas en lui. Et si le menteur parle, il parle d'après ce qui lui est propre, parce que vraiment p. 16

c'est un menteur comme son père. **45**. Et moi, je vous dis la vérité,
(et) vous ne me croyez pas. **46**. Qui d'entre vous me corrigera à
cause d'un péché? Si c'est la vérité que je vous dis, pourquoi (p.
59) ne me croyez-vous pas? **47**. Celui qui est de Dieu écoute les
paroles de Dieu; c'est pourquoi vous n'écoutez pas, parce que vous   5
n'êtes pas de Dieu. »

48. Les Juifs répondirent et lui dirent : « N'avons-nous pas bien
dit que tu es un Samaritain, et qu'il y a un démon avec toi? »
49. Jésus répondit : « Il n'y a pas de démon avec moi, mais moi,
j'honore mon Père, vous, vous me déshonorez. **50**. Moi, je ne   10
cherche pas ma gloire, il y a qui (la) cherchera, et qui jugera.
51. En vérité, en vérité je vous le dis : Celui qui gardera ma parole
ne goûtera jamais la mort. »   **52**. Les Juifs lui dirent : « Maintenant
nous savons qu'il y a un démon avec toi; Abraham est mort, ainsi
que les prophètes, et toi, de ton côté, tu dis : Celui qui gardera ma   15
parole ne goûtera jamais la mort. **53**. Est-ce que toi (p. 60) tu es
plus grand qu'Abraham? Celui-ci est mort, les prophètes sont morts,
tu te fais quoi? » **54**. Jésus répondit et dit : « Si je me glorifie,
ma gloire à moi n'est rien : il y a mon Père qui me glorifiera, lui
dont vous dites qu'il est votre Dieu, **55**. et vous ne l'avez pas connu,   20
tandis que moi je le connais; si je dis que je ne le connais pas, je
serai semblable à vous, menteur; mais je le connais et garde sa parole.
56. Abraham votre père a exulté, désirant voir un jour à moi; il
a vu, il s'est réjoui. **57**. Les Juifs lui dirent encore : « Tu n'as
pas encore cinquante ans, et Abraham t'a vu! » **58**. Jésus leur   25
dit : « En vérité, en vérité je vous le dis : avant qu'Abraham fût,
Je suis. » **59**. Ils prirent des pierres pour (les) jeter sur lui; et
Jésus se cacha, il sortit du temple.

IX. **1**. En passant, il vit un homme aveugle de naissance. **2**. Ses
disciples (p. 61) l'interrogèrent en disant : « Maître, qui a péché,   30
est-ce celui-ci ou bien ses parents? parce qu'il est né étant **aveugle**. »
3. Jésus répondit : « Ni lui n'a péché, ni ses parents, mais c'est
pour que les œuvres de Dieu apparaissent en lui. **4**. Nous, il nous
faut travailler aux œuvres de celui qui nous a envoyés, pendant
p. 17 qu'il fait jour; arrive une nuit en laquelle il n'est pas possible que   35
quelqu'un travaille. **5**. Pendant que je suis dans le monde, je suis
une lumière du monde. › **6**. Ayant dit cela, il lança un crachat à
terre, il fabriqua une boue avec le crachat, il appliqua la boue à

ses yeux. **7.** Il lui dit : « Va-t-en, lave ta figure dans la piscine de
Siloam », — ce qui est interprété : « l'envoyé ». Il s'en alla, se lava,
il vint voyant (clair).

 8. Ses voisins et ceux qui le connaissaient antérieurement comme
₅ (p. 62) étant un mendiant, disaient : « N'est-ce pas celui qui s'instal-
lait en mendiant ? » **9.** Les uns disaient : « C'est lui » ; et d'autres :
« Non, mais un qui lui ressemble. » Et lui, il disait : « C'est moi. »
10. Ils lui dirent : « Comment as-tu-vu (clair) ? **11.** Il répondit
et dit : « Un homme qu'on appelle Jésus a fabriqué une boue, l'a
₁₀ appliquée à mes yeux ; il m'a dit : Va-t-en à Siloam, lave tes yeux ;
je suis allé, je les ai lavés, j'ai vu (clair). » **12.** Ils lui dirent :
« Où est celui-là ? » Il dit : « Je ne sais pas. »

 13. On l'amena aux Pharisiens, celui qui était autrefois aveugle.
14. C'était le sabbat, le jour où Jésus avait fabriqué la boue et lui
₁₅ avait ouvert les yeux : **15.** Les Pharisiens l'interrogèrent de nouveau : « Comment as-tu vu (clair) ? » Lui, il leur dit : « Il a fabriqué
(p. 63) une boue, il l'a mise à mes yeux, je les ai lavés, j'ai vu
(clair). » **16.** Quelques-uns des Pharisiens dirent : « Cet homme
n'est pas un de par Dieu, parce qu'il ne garde pas le sabbat. »
₂₀ D'autres disaient : « Comment est-il possible qu'un homme pécheur
fasse de pareils miracles ? » Il y avait un schisme entre eux. **17.** Ils
dirent encore à l'aveugle de naissance : « Toi, que dis-tu de lui,
parce qu'il a ouvert tes yeux ? » Et lui, il dit : « C'est un prophète. »
18. Les Juifs n'avaient pas confiance en lui, — qu'il était aveugle
₂₅ et avait vu (clair), — jusqu'à ce qu'ils appelèrent les parents de
celui qui avait vu (clair). **19.** Ils les interrogèrent : « Est-ce que
celui-là est votre fils, celui dont vous affirmez, vous, qu'il est né
aveugle ? (p. 64) Comment donc voit-il (clair) maintenant ? » **20.**
Ses parents répondirent et dirent : « Nous savons que celui-là est notre p. 1
₃₀ fils et qu'il est né étant aveugle. **21.** Comment donc maintenant
voit-il (clair), nous l'ignorons ; ou qui lui a ouvert les yeux, nous
ne savons ; c'est lui que vous avez à interroger, il est d'âge, lui, à
parler de lui. » **22.** Ses parents dirent cela, parce qu'ils craignaient
les Juifs ; parce que vraiment les Juifs avaient combiné que celui
₃₅ qui dirait que c'est le Christ, serait hors-synagogue. **23.** C'est pourquoi ses parents dirent : « Il est d'âge, lui ; c'est lui que vous avez
à interroger. »

 24. Ils appelèrent encore l'homme une seconde fois, celui qui était

aveugle; ils lui dirent : « Rends gloire à Dieu; nous, nous savons
que cet homme est un pécheur. » **25.** Celui-là répondit : « Si c'est
un pécheur, je l'ignore (p. 65); il est une chose que je sais, (c'est)
que j'étais aveugle et que maintenant je vois (clair). » **26.** Ils lui
dirent : « Que t'a-t-il fait? ou comment t'a-t-il ouvert les yeux? »   5
27. Il leur répondit : « Je viens de vous le dire, et vous n'avez pas
entendu! que voulez-vous entendre? Est-ce que vous désirez, vous
aussi, être ses disciples? » **28.** Ils le maudirent et dirent : « Toi, sois
son disciple, tandis que nous, nous sommes disciples de Moïse; **29.**
nous, nous savons que Dieu a parlé avec Moïse, tandis que, celui-là,   10
nous ne savons d'où il est. » **30.** L'homme répondit et leur dit :
« C'est justement en cela l'étonnant que vous, vous ne sachiez pas
d'où il est, et qu'il m'ait ouvert les yeux (p. 66) **31.** Nous savons que
Dieu n'écoute pas les pécheurs, mais si quelqu'un est pieux et fait
sa volonté, celui-là il l'écoute. **32.** Au grand jamais nous n'avons   15
entendu de quelqu'un qu'il ait ouvert les yeux d'un aveugle de ˙
naissance. **33.** Si celui-là n'était pas un (homme) de par Dieu, il
ne pourrait rien faire. » **34.** Ils répondirent (et) lui dirent : « Tu
es né tout entier dans le péché, et c'est toi qui nous feras la leçon! »
Alors ils le jetèrent dehors.   20

    35. Jésus entendit qu'on l'avait jeté dehors; il le trouva (et)
lui dit : « Crois-tu, toi, au Fils de l'homme? » **36.** Et lui, il lui dit :
« Qui est-ce, Seigneur ,pour que je croie en lui? » **37.** Jésus lui dit :
« Tu l'as vu, et c'est lui qui te parle. » (p. 67) **38.** Il dit : « Je crois,
Seigneur. » Alors il l'adora. **39.** Jésus répondit : « Je suis venu pour   25
p. 19 un jugement du monde, afin que ceux qui ne voient pas voient et que
ceux qui voient soient aveugles. »

    40. Quelques-uns des Pharisiens qui étaient avec lui entendirent
cela, et lui dirent : « Est-ce que nous aussi, nous sommes aveugles? »
Il leur dit : « Si vous étiez aveugles, vous n'auriez pas de péché; or   30
maintenant vous dites que vous voyez (clair) : votre péché est établi.

    X. 1. « En vérité, en vérité je vous le dis, celui qui n'entre pas par
la porte dans la bergerie, mais monte par ailleurs d'un autre côté,
celui-là est un voleur et un ravisseur, **2.** tandis que celui qui entre
par la porte, celui-là est le berger. **3.** A celui-là le portier (p. 68)   35
ouvre, et les brebis écoutent sa voix; il appelle les brebis par leur
nom, il <les emmène. **4.** Et quand il emmène toutes celles qui
sont à lui, il les précède et> les brebis le suivent, parce qu'elles

connaissent sa voix. **5.** Un autre (qui est) étranger, elles ne le suivent pas et le fuyent, parce qu'elles ne connaissent pas la voix des étrangers. »   **6.** Telle est l'image que leur dit Jésus, et eux ne comprirent pas ce qu'il leur disait.

7. Jésus leur dit encore : « En vérité, en vérité je vous le dis, je suis la porte des brebis. **8.** Tous ceux qui sont venus sont des voleurs et des ravisseurs, mais les brebis ne leur obéirent pas. **9.** Je suis la porte des brebis, celui qui entre par moi sera sauvé ; il entrera, il sortira et trouvera un pâturage. **10.** Le ravisseur ne sort que pour ravir, (p. 69) tailler, faire périr ; moi je suis venu pour qu'elles reçoivent une vie et qu'elle reçoivent une surabondance.

11. « Je suis le bon berger qui donne son âme pour ses brebis ; **12.** tandis que le mercenaire, qui n'est pas un berger, celui auquel ne sont pas les brebis, celui-là ne se donne pas pour les brebis, mais s'il voit venir le loup, il laisse les brebis et s'enfuit ; le loup les enlève et les disperse ; **13.** parce que c'est un mercenaire et qu'il ne se préoccupe pas des brebis. **14.** Je suis le bon berger, je connais p. 20 les miennes, les miennes me connaissent. **15.** De même que mon Père me connaît, moi aussi je connais le Père et je donne mon âme pour mes brebis. **16.** J'ai d'autres brebis qui ne sont pas de cette bergerie ; (p. 70) il faut que j'amène ces autres, qu'elles entendent aussi ma voix et demeurent en un même local, et (qu'il n'y ait qu')un seul berger [1]. **17.** C'est pourquoi le Père m'aime, parce que je donne mon âme, afin que je la reçoive de nouveau. **18.** Personne ne me l'enlève, mais c'est moi qui la donne de moi-même. J'ai, en effet, le pouvoir de la laisser et j'ai le pouvoir de la reprendre ; tel est le commandement que j'ai reçu de mon Père. »

19. De nouveau un schisme se produisit chez les Juifs au sujet de ces paroles-là. **20.** Une foule d'entre eux disait : « Il y a un démon avec lui, et il délire ; pourquoi l'écoutez-vous ? » **21.** D'autres disaient : « Ces paroles ne sont pas celles de quelqu'un avec qui est un démon ; est-il possible à un démon d'ouvrir les yeux d'un aveugle ? »

22. Se fit la dédicace à Jérusalem ; c'était l'hiver ; (p. 71) **23.** et Jésus marchait dans le temple dans le portique de Salomon. **24.** Les Juifs l'entourèrent et lui dirent : « Jusqu'à quand donc enlèveras-tu

---

[1] Le texte est très probablement fautif. Voir la note au texte.

notre âme? Si tu es le Christ, dis-le nous franchement. » **25**. Jésus
répondit et leur dit : « Je vous l'ai dit et vous ne croyez pas; les
œuvres que j'opère au nom de mon Père témoignent pour moi;
26. mais vous, vous ne croyez pas, parce que vous n'êtes pas de
mes brebis; **27**, comme je vous l'ai dit, mes brebis à moi, écoutent   5
ma voix, et moi je les connais; elles me suivent. **28**. Moi je leur
donnerai une vie éternelle, et <elles ne périront jamais, et> personne ne les enlèvera de mes mains. **29**. Le Père, qui me les a
données, est plus grand que personne, et il est impossible que quelqu'un les enlève de la main du Père. **30**. Moi et mon Père (p. 72)   10
nous sommes un. »

p. 21   **31**. Les Juifs prirent des pierres pour les jeter sur lui.   **32**. Jésus
répondit : « Je vous ai appris une foule de bonnes choses de la part
de mon Père, pour quelle chose d'entre elles lancerez-vous des pierres sur moi? » **33**. Ils répondirent et dirent : « Nous ne jetterons   15
pas de pierres sur toi à cause d'une bonne chose, mais à cause d'un
blasphème, parce que toi, un homme, tu te fais dieu. » **34**. Jésus
répondit et leur dit : « N'est-il pas écrit dans votre Loi : *Moi j'ai
dit que vous êtes des dieux*? (Ps. LXXXII, 6). **35**. Alors donc qu'il
a dit de ceux-là : « Vous êtes des dieux », ceux auxquels est arrivée   20
la parole de Dieu, — et il est impossible que l'Écriture soit sup-
primée, — **36**. à celui que le Père a sanctifié, a envoyé au monde,
vous, vous dites : Tu blasphèmes, parce que j'ai dit : Je suis le
fils de Dieu. **37**. Si je n'opère pas les œuvres de mon Père, ne
croyez pas en moi. **38**. Mais si je les opère, même si (p. 73) vous   25
ne croyez pas en moi, croyez à mes œuvres, afin que vous compreniez
et sachiez que le Père est en moi et que moi aussi je suis dans mon
Père. » **39**. Ils cherchaient de nouveau à s'emparer de lui, et il
s'en alla hors de leurs mains.

40. Il s'en alla encore au-delà du Jourdain à l'endroit où Jean   30
baptisait antérieurement, et il y resta. **41**. Et vint à lui une
foule; ils disaient : « Jean certes n'a fait aucun miracle, mais ce
qu'il a dit concernant celui-là est exact. » **42**. Et une foule crut en
lui à cet endroit.

XI. **1**. Il y avait un certain Lazare, malade; il était de Béthanie,   35
du village de Marie et de Marthe, sa sœur. **2**. Marie, celle qui
oignit le Seigneur avec du baume et lui essuya les pieds avec sa
chevelure, était celle dont le frère Lazare était malade. **3**. Donc

ses sœurs envoyèrent à lui en disant : « <Seigneur>, voici que
celui que tu aimes (p. 74) est malade. » **4.** Jésus entendit et dit :
« Cette maladie n'est pas une maladie mortelle, mais (elle est) pour
la gloire de Dieu, (et) afin que le fils de Dieu soit glorifié par elle. »

₅ **5.** Jésus aimait Marthe, et sa sœur et Lazare. **6.** Quand il entendit qu'il était malade, alors il resta à l'endroit où étaient ses disciples,
deux jours. **7.** Puis après cela il dit à ses disciples : « Allons en p. 22
Judée. » **8.** Les disciples lui dirent encore : « Maître, maintenant
les Juifs cherchaient à jeter des pierres sur toi, et tu retournerais

₁₀ là ? » **9.** Jésus répondit et dit : « N'y a-t-il pas douze heures dans
le jour ? Si quelqu'un marche pendant le jour, il ne trébuche pas,
parce qu'il voit la lumière de ce monde (p. 74 *bis*), **10.** mais si quelqu'un marche dans la nuit, il trébuche, parce qu'il n'y a pas de
lumière en elle. » **11.** Il dit cela, et après cela il leur dit : « Lazare

₁₅ notre ami s'est endormi, mais je vais aller l'éveiller. » **12.** Ses disciples lui dirent : « Seigneur, s'il s'est endormi, il se réveillera. »
13. Jésus avait parlé du sommeil de la mort, et eux ils pensaient
qu'il avait parlé du repos du sommeil. **14.** Alors Jésus leur dit
franchement : « Lazare est mort ; **15.** et je me réjouis à cause de

₂₀ vous, afin que vous croyiez, de ce que je n'étais pas là ; mais
levons-nous, allons à lui. » **16.** Thomas, celui qui est appelé Didyme,
dit à ses condisciples : « Allons, nous aussi, et mourons avec lui. »

   17. (p. 75) Jésus vint et le trouva ayant déjà passé quatre jours
dans le tombeau. **18.** Béthanie était proche de Jérusalem, à la

₂₅ distance de quinze stades. **19.** Une foule d'entre les Juifs vinrent
à Marthe et à Marie pour apaiser leur cœur au sujet de leur frère.
20. Lorsque Marthe entendit que Jésus arrivait, elle alla au devant
de lui, tandis que Marie était assise à la maison. **21.** Marthe dit
à Jésus : « Seigneur, si tu avais été ici, mon frère ne serait pas

₃₀ mort ; **22.** mais maintenant encore je sais que ce que tu demanderas
à Dieu, Dieu te l'accordera. » **23.** Jésus lui dit : « Ton frère ressuscitera. » **24.** Marthe lui dit : « Je sais qu'il ressuscitera à la résur-
rection, au dernier jour. » **25.** Jésus lui dit : « Je suis la résurrec-
tion et la vie ; celui qui croit en moi, même s'il meurt, vivra ; (p. 76)

₃₅ **26.** et quiconque vit et croit en moi ne mourra jamais ; crois-tu cette
chose ? » **27.** Elle dit : « Oui, Seigneur, moi je crois que tu es le
Christ, le fils de Dieu, devant venir dans le monde. » **28.** Ayant p. 23
dit cela, elle s'en alla ; elle appela Marie sa sœur, lui ayant dit

ressuscité d'entre les morts. **10.** Les grands prêtres prirent la décision
de tuer aussi Lazare ; **11.** parce qu'une foule de Juifs s'en allaient
là à cause de lui, et croyaient en Jésus.

12. Le lendemain une grande foule vint à la fête ; lorsqu'ils appri-
rent que Jésus arrivait à Jérusalem, **13.** ils prirent des feuilles de ₅
palmier, vinrent à sa rencontre en criant : « Comme nous avons
vu [1], *béni soit celui qui vient* (p. 83) *au nom du Seigneur* (Ps.
cxviii, 25), le roi d'Israël ! **14.** Il trouva un âne et le monta
selon ce qui est écrit : **15.** *Ne crains pas, fille de Sion ; voici ton
roi arrivant monté sur un ânon.* (Zach., ix, 9) **16.** Cela, ses disci- ₁₀
ples ne le comprirent pas d'abord, mais quand Jésus fut glorifié,
alors ils se souvinrent que c'est cela qui est écrit de lui et que c'est
cela qui lui avait été fait. **17.** La foule qui était avec lui témoigna :
« Il a appelé Lazare, il (Lazare) est sorti d'entre les morts. » **18.**
C'est pourquoi la foule vint à sa rencontre, parce qu'elle avait ₁₅
entendu qu'il avait fait ce miracle. **19.** Les Pharisiens dirent entre ·
eux : « Vous voyez que nous n'arrivons à rien ; voici que le monde
marche derrière lui. »

20. Il y avait des Grecs parmi ceux qui étaient montés à la fête
pour adorer. **21.** Ceux-là vinrent chez Philippe de Bethsaïda de ₂₀
Galilée, le priant en disant : « Seigneur, nous voulons voir (p. 84)
Jésus. » **22.** Philippe vint, parla à André, André et Philippe parlèrent
à Jésus. **23.** Jésus répondit et leur dit : « Est arrivée l'heure
p. 26 où le Fils de l'homme doit être glorifié. **24.** En vérité, en vérité
je vous le dis, à moins que le grain de froment ne tombe sur la terre ₂₅
et ne meure, il reste seul, tandis que s'il meurt, il produit une quan-
tité de fruits. **25.** Celui qui aime son âme en ce monde, la perdra ;
celui qui perdra son âme en ce monde, la gardera pour une vie
éternelle. **26.** Si quelqu'un me sert, qu'il me suive ; et au lieu où
je m'en irai, mon serviteur sera également ; celui qui me servira ₃₀
sera loué par mon Père. **27.** Maintenant mon âme est troublée, et
que dirai-je ? Mon Père, sauve-moi de cette heure ; mais c'est pour
cela que je suis venu à cette heure. **28.** Père, glorifie (p. 84 *sic*)
ton nom. » Vint du ciel une voix : « J'ai glorifié, et de nouveau
je glorifierai. » **29.** La foule qui assistait, ayant entendu disait : ₃₅

---

[1] Méprise du scribe, les deux mots coptes *hosanna* et *hosannau* (nous avons
vu) ne différant que d'une lettre.

« C'est un coup de tonnerre qui s'est produit » ; d'autres : « C'est un ange qui lui a parlé. » **30.** Jésus répondit et dit : « Ce n'est pas pour moi, mais pour vous, que s'est produite cette voix. **31.** Maintenant donc il y a un jugement du monde, maintenant l'archonte

5 de ce monde sera jeté dehors ; **32.** et moi, si on m'élève sur la terre, je (les) tirerai tous à moi. » **33.** Cela il le disait en leur apprenant de quel genre de mort il avait résolu de mourir. **34.** La foule répondit et dit : « Nous, nous avons appris par la Loi que le Christ vit éternellement ; alors comment toi dis-tu : Il faut que le Fils de

10 l'homme soit élevé ? ⟨ il leur dit : « Encore un petit temps, la lumière est avec vous ⟩ (p. 86). Qui est-ce, lui, ce Fils de l'homme ? » **35.** Il leur dit : « Encore un petit temps la lumière est avec vous ; marchez tant que la lumière est à vous, afin que l'obscurité ne vous atteigne pas ; celui qui marche dans l'obscurité ne sait où il va ; **36.** tant

15 que la lumière est à vous, croyez en la lumière, pour que vous soyez fils de la lumière. »

Jésus leur dit cela, et il s'en alla et se déroba à eux. **37.** (Malgré) donc tous ces miracles qu'il avait faits devant eux, ils n'avaient pas cru en lui ; **38.** afin que s'accomplît la parole que prononça le

20 prophète Isaïe : *Seigneur, qui a cru à notre voix, ou le bras du Seigneur à qui l'a-t-il révélé ?* (Is., LIII, 1). **39.** C'est pourquoi p. 27 ils ne pouvaient croire, parce que Isaïe a dit : **40.** *Il a obturé leurs yeux, il a obturé leur cœur pour qu'ils ne voient pas* (p. 87) *de leurs yeux, ne comprennent pas dans leur cœur, ne se convertissent à moi,*

25 *et que j'aie pitié d'eux* (Is., VI, 9 s). **41.** Isaïe a dit cela parce qu'il vit la gloire de Dieu et témoigna à son sujet. **42.** Une foule parmi les archontes croyait en lui, mais à cause des Pharisiens ils ne se montraient pas, pour ne pas être faits hors-synagogue ; **43.** car ils aimèrent la gloire des hommes plus que la gloire de Dieu.

30   **44.** Jésus s'écria en disant : « Celui qui croit en moi, ce n'est pas en moi qu'il croit, mais en celui qui m'a envoyé. **45.** Et celui qui me voit, voit celui qui m'a envoyé. **46.** Je suis une lumière venue au monde, afin que quiconque croyant en moi ne soit pas dans les ténè- bres. **47.** Si quelqu'un écoute mes paroles et les observe, ce n'est pas

35 moi qui le jugerai ; car je ne suis pas venu pour juger le monde, mais (p. 88) pour sauver le monde. **48.** Celui qui me méprise et n'ac- cepte pas mes paroles, a celui qui le jugera ; la parole que je pro- nonce, c'est elle qui le jugera au dernier jour ; **49.** parce que moi

ton âme pour moi? En vérité, en vérité je te le dis, avant que le coq chante, tu me renieras trois fois.

XIV. **1.** « Que votre cœur ne se trouble pas; (p. 95) croyez en Dieu, croyez en moi aussi. **2.** Dans la maison de mon Père il y a de nombreux lieux de repos; sinon, je vous l'aurais dit, car je vais ₅ vous préparer une place. **3.** <Si je m'en vais vous préparer une place>, alors je reviendrai vous prendre près de moi, afin qu'à l'endroit où je suis, vous soyez aussi. ·

4. Et le lieu où je m'en irai vous le connaissez, <et vous en con- naissez> le chemin. » **5.** Thomas lui dit : « Seigneur, nous ne ₁₀ savons où tu t'en iras, comment en connaîtrions-nous le chemin? » **6.** Jésus lui dit : « Je suis la voie et la vérité et la vie; il n'est pas possible que quelqu'un aille au Père, à moins qu'il n'aille par moi; **7.** si vous me connaissiez, vous connaîtriez aussi mon Père, et désor- mais vous le connaîtrez. » ₁₅

8. Philippe lui dit : « Montre-nous le Père, et cela nous suffit bien. » **9.** (p. 96) Jésus lui dit : « Voici tout ce temps que je suis avec vous, et tu ne m'as pas vu, Philippe? Celui qui m'a vu, a vu le Père; comment toi dis-tu : Montre-nous le Père? **10.** Ne crois- tu pas que je suis dans mon Père, et que mon Père est en moi? ₂₀ Ces paroles que je vous adresse, je ne les ai pas dites de moi-même; le Père qui est en moi fait les œuvres qui sont siennes. **11.** Croyez moi : Je suis en mon Père et mon Père est en moi; sinon (?), du moins croyez à cause de mes œuvres. **12.** En vérité, en vérité je vous le dis, celui qui croit en moi, les choses que je fais il les fera ₂₅ lui aussi, et il en fera de plus grandes, parce que je m'en irai au Père; **13.** et ce que vous demanderez en mon nom je le ferai, afin que le Père soit glorifié dans le Fils. **14.** (p. 97) Ce que vous deman- derez en mon nom, moi je le ferai.

p. 31   **15.** Si vous m'aimez, vous garderez mes commandements; **16.** et ₃₀ moi je prierai le Père de vous donner le Paraclet, afin qu'il soit avec vous pour toujours; **17.** c.-à-d. l'Esprit de vérité, celui qu'il est impossible au monde de recevoir, parce qu'il ne le voit pas ni ne le connaît pas; tandis que vous, vous le connaissez, car vraiment il sera avec vous, il sera en vous. ₃₅

18. « Je ne vous laisserai pas étant orphelins, je viendrai à vous. **19.** Encore un peu (de temps et) le monde ne me verra pas, tandis que vous, vous me verrez, parce que je vis et que vous aussi vous vivrez. **20.** (p. 98) Ce jour-là, vous, vous saurez que je suis dans mon Père, et que vous vous êtes en moi; moi je suis en vous.

21. « Celui qui tient mes commandements et les garde, celui-là m'aime; et celui qui m'aime, sera aimé de mon Père, et moi aussi je l'aimerai et me montrerai à lui. » **22.** Judas, pas l'Iscariote, lui dit : « Seigneur, qu'est-il arrivé, car tu te montreras à nous et pas au monde entier? » **23.** Jésus répondit et lui dit : « Celui qui m'aime gardera ma parole, et mon Père l'aimera; nous viendrons à lui, nous établirons en lui une demeure pour nous. **24.** Celui qui ne m'aime pas ne garde pas ma parole; la parole que vous entendez n'est pas de moi, mais celle du Père qui m'a envoyé.

25. « Je vous ai dit cela (p. 99) étant près de vous. **26.** Le Paraclet, l'Esprit-Saint, celui que le Père enverra en mon nom, c'est celui-là qui vous apprendra toute chose, et vous fera vous souvenir de tout ce que je vous ai dit.

27. « Moi, c'est une paix que je vous laisse; une paix qui est ma propre paix, je vous la donne; ce n'est pas à la manière dont le monde donne la sienne, que moi je vous (la) donne; que votre cœur ne se trouble pas, et ne soit pas pris de crainte. **28.** Vous avez entendu que moi je vous ai dit : Je m'en irai, de nouveau je viendrai à vous; si vous m'aimiez, vous vous réjouiriez de ce que j'irai chez le Père, parce que le Père est plus grand que moi. **29.** Maintenant je vous l'ai dit avant que cela n'arrive, pour que quand cela arrivera, vous croyiez. **30.** Je ne vous dirai pas une foule de paroles, p. 32 car l'archonte de ce monde arrive; (p. 100) il ne trouvera rien en moi; **31.** mais afin que le monde sache que j'aime le Père; de la manière dont mon Père m'a donné ordre, ainsi j'agis. Levez-vous, sortons d'ici.

XV. 1. « C'est moi la vraie vigne, mon Père est l'agriculteur. **2.** Tout rameau qui est en moi et ne portera pas de fruit, il l'enlèvera; et tous ceux qui porteront du fruit, il les émondera pour qu'ils portent beaucoup de fruits. **3.** Déjà vous, vous êtes purs à cause de la parole que je vous ai adressée. **4.** Restez en moi, je resterais en vous; de même qu'il n'est pas possible au rameau de porter du fruit de lui seul, à moins qu'il ne reste à la vigne, de même vous aussi, à moins que vous ne restiez en moi. **5.** Je suis la vigne, vous êtes les rameaux (p. 101); celui qui restera <en moi>, moi de mon côté je resterai en lui; et celui-là porte beaucoup de fruits, parce que sans moi il ne vous est pas possible de faire quelque chose. **6.** A moins que quelqu'un ne reste en moi, il sera rejeté comme le rameau n'ayant pas de fruit; et il se dessèche, il est ramassé, jeté au feu, (et) brûlé. **7.** Si vous restez en moi et si ma parole reste en vous, ce que vous désirez demandez-le, et il vous arrivera. **8.** Car mon Père est glorifié, en ceci que vous portiez beaucoup (?) de fruits, et soyez pour moi des disciples. **9.** Comme mon Père m'a aimé, moi aussi je vous ai aimés; restez dans mon amour à moi. **10.** <Si vous gardez mes commandements, vous resterez dans mon amour>, de même que j'ai gardé les commandements de mon Père (p. 102) et reste dans son amour.

11. « Cela je vous l'ai dit pour que ma joie soit en vous et que votre joie soit complète. **12.** Mon commandement est en ceci que vous vous aimiez les uns les autres, comme je vous ai aimés. **13.** Aucun amour ne surpasse un amour tel que quelqu'un donne son âme pour ses amis. **14.** Car vous, vous êtes mes amis, si vous faites ce que je vous commanderai. **15.** Je ne vous appellerai plus serviteurs, parce que vraiment le serviteur ignore ce que fait son maître; de vous, je vous dis: « mes amis », parce que tout ce que j'ai entendu de mon Père je vous l'ai appris. **16.** Ce n'est pas vous qui m'avez choisi, mais (p. 103) c'est moi qui vous ai choisis; je vous ai mis pour que vous aussi vous alliez, portiez du fruit et que votre fruit soit stable, afin que ce que vous demanderez <au Père> en mon nom, il vous l'accorde. **17.** Ceci je vous le recommande : aimez-vous les uns les autres.

18. « Si le monde vous déteste, sachez qu'il m'a détesté avant vous. **19.** Si vous étiez du monde, le monde aimerait ce qui est sien; parce que vous, vous n'êtes pas du monde, mais que moi je vous ai choisis hors du monde, c'est pour cela que le monde vous déteste. **20.** Souvenez-vous de la parole que je vous ai dite : Il n'y a pas de serviteur qui soit supérieur à son maître; si je fus persécuté, (p. 104) vous serez persécutés; si ma parole fut gardée, la vôtre sera gardée. **21.** Mais tout cela on le fera contre vous à cause de mon nom, parce qu'on ne connaît pas celui qui m'a envoyé. **22.** Si je n'étais pas venu et ne leur avais pas parlé, ils n'auraient pas de péché; et maintenant ils n'ont pas d'excuse à leur péché. **23.** Celui qui me déteste, déteste aussi mon Père. **24.** Si parmi eux je n'avais pas opéré des œuvres qu'un autre ne peut pas faire, ils n'auraient pas

de péché; et maintenant ils m'ont vu, ils m'ont méprisé, moi et
aussi mon Père. **25.** Mais (c'est) afin que s'accomplisse la parole
écrite dans leur Loi : *Ils m'ont détesté gratuitement* (Ps. XXXV, 19;
LXIX, 5).

5 **26.** « Une fois venu, le Paraclet que moi je vous enverrai de la
part de mon Père, l'Esprit de vérité, celui qui vient de la part de
mon Père, il témoignera à mon sujet, **27.** et (p. 105) vous aussi
vous témoignerez que vraiment depuis le début vous êtes avec moi.

XVI, **1.** « Cela je vous l'ai dit, pour que vous ne soyez pas scan-
10 dalisés, du fait d'être faits hors-synagogue; **2.** mais arrive une
heure où quiconque vous fera périr, pensera offrir un culte à
Dieu; **3.** et cela ils vous le feront parce qu'ils n'ont pas connu
mon Père, et que moi non plus ils ne m'ont pas connu. **4.** Mais je
vous l'ai dit afin que, quand cette heure arrivera, vous vous souvenez
15 que je vous l'ai prédit.

« Cela je ne vous l'ai pas dit dès le début, parce que j'étais avec ⌐ ?4
vous; **5.** tandis que maintenant je m'en irai auprès de celui qui
m'a envoyé, et il n'est personne d'entre vous qui me demande :
Où iras-tu? **6.** Mais parce que je vous ai dit cela (p. 106), la dou-
20 leur a rempli votre cœur. **7.** Mais moi je vous dis la vérité : Il vaut
mieux pour vous que je m'en aille; car à moins que je ne m'en
aille, le Paraclet ne viendra pas à vous; tandis que, si je m'en
vais, je vous l'enverrai. **8.** Et une fois venu, il confondra le monde
à cause du péché, à cause de la vérité, à cause d'un jugement.
25 **9.** A cause du péché, parce qu'ils n'ont pas cru en moi; **10.** à
cause de la vérité, parce que je m'en irai près de mon Père, et que
vous ne me verrez plus; **11.** à cause d'un jugement, parce que
l'archonte de ce monde-ci a été jugé.

12. « J'ai encore beaucoup à vous dire, mais il ne vous est
30 pas possible de le supporter maintenant. **13.** Une fois venu l'Esprit de vérité, il vous montrera le chemin dans la vérité; car
il ne parlera pas de lui-même, mais ce qu'il entendra, c'est cela
qu'il (p. 107) vous dira, et il vous apprendra ce qui va arriver.
14. C'est celui-là qui me glorifiera, parce qu'il a reçu de ce qui
35 est mien, pour vous en parler. **15.** Tout ce qui est à mon Père est
à moi, c'est pourquoi j'ai dit qu'il a reçu de ce qui est mien pour
vous (en) parler.

16. « Encore un peu (de temps et) vous ne me verrez plus, encore un peu (de temps et) vous me verrez, parce que vraiment je m'en irai, moi, près de mon Père. »   **17**. Quelques-uns d'entre les disciples dirent entre eux : « Que signifie ce qu'il nous a dit : Encore un peu (de temps et) vous ne me verrez plus, encore un peu (de temps ₅ et) vous me verrez, et je m'en irai près du Père ? ».   **18**. Ils disaient : « Que signifie ce peu ? Nous ne comprenons pas ce qu'il dit. » **19**. Jésus sut qu'ils avaient l'intention de (p. 108) l'interroger ; il leur dit : « Vous cherchez entre vous au sujet de ceci, parce que j'ai dit : Encore un peu (de temps et) vous ne me voyez plus, ₁₀ encore un peu (de temps et) vous me voyez.   **20**. En vérité, en vérité je vous le dis, vous pleurerez, vous vous lamenterez, vous soupirerez vous autres, (et) le monde se réjouira ; vous, vous éprouverez de la douleur, mais votre douleur deviendra pour vous une joie.   **21**. Quand
p. 35 la femme est sur le point d'accoucher, elle est triste, parce qu'elle ₁₅ est arrivée à son heure ; mais quand elle a mis au monde le garçon, elle ne se souvient plus de son angoisse, à cause de la joie d'avoir mis au monde un garçon.   **22**. Vous aussi vous avez de la douleur ; je vous reverrai, à la joie de votre cœur ; (p. 109) et votre joie, personne ne vous l'enlèvera ; **23**. en ces jours-là vous ne me demanderez ₂₀ plus rien. En vérité, en vérité je vous le dis, ce que vous demanderez à mon Père en mon nom, il vous l'accordera ; **24**. jusqu'à maintenant vous n'avez encore rien demandé en mon nom ; demandez (et) vous recevrez, afin que complète soit votre joie.

25. « Cela je vous l'ai dit en image ; vient une heure où je ne vous ₂₅ parlerai pas en image, mais en clair, vous renseignant sur le Père. **26**. En ces jours-là vous demanderez en mon nom, et je ne vous dis pas que c'est moi qui prierai le Père pour vous ; **27**. car le Père, lui aussi, vous aime, parce que vous m'aimez et croyez que je suis venu (p. 110) d'auprès du Père.   **28**. Je suis ⟨venu d'auprès du ₃₀ Père⟩ en ce monde, de nouveau j'abandonnerai ce monde et m'en irai près du Père. »

29. Ses disciples lui dirent : « Voici que maintenant tu parles en clair et ne dis rien en images ; **30**. maintenant donc nous savons que tu sais toute chose, et tu n'as plus besoin d'être interrogé par ₃₅ quelqu'un ; en cela nous croyons que tu es venu d'auprès de Dieu. » **31**. Jésus répondit et leur dit : « Maintenant vous croyez ? **32**. Voici qu'arrive une heure, et elle est déjà venue, où vous serez dispersés,

chacun à ses affaires, et me laisserez seul ; mais je ne me trouve
pas seul, mon Père se trouve avec moi. **33**. Cela je vous l'ai dit,
afin que, par moi, une paix soit à vous ; vous avez de la tribulation
dans ce monde, mais courage ! car moi (p. 111) j'ai vaincu le monde. »

⁵   XVII. **1**. Il dit cela, il leva les yeux vers le ciel, (et) dit : « Père,
l'heure est venue, glorifie ton Fils, afin que le Fils te glorifie ; p. 36
2. comme tu lui as donné pouvoir sur toute chair, afin que, à tous
ceux que tu lui as donnés, tu donnes une vie éternelle ; **3**. en ceci est
la vie éternelle, qu'ils te connaissent, le seul vrai Dieu, et celui que
¹⁰ tu as envoyé, Jésus-Christ. **4**. Moi je t'ai glorifié sur la terre, j'ai
accompli l'œuvre que tu m'as confiée à exécuter. **5**. Maintenant,
glorifie-moi, toi le Père, de la gloire que j'avais auprès de toi avant
que le monde fût.

   6. « J'ai manifesté ton nom aux hommes ; ceux que tu m'as don-
¹⁵ nés du monde étaient tiens ; tu me les as donnés, et ils ont gardé ma
parole ; (p. 112) **7**. maintenant j'ai su que ceux que tu m'as donnés
étaient tiens. **8**. Parce que les paroles que tu m'as données je les
leur ai données, et ils ont cru de moi que c'est toi qui m'as envoyé.
9. Moi je prie pour eux ; je ne priais pas pour le monde, mais pour
²⁰ ceux que tu m'as donnés, parce qu'ils sont tiens. **10**. Et tous ceux
qui sont miens sont tiens, et tiens sont les miens, et j'ai été glorifié
en eux. **11**. Je ne suis pas dans le monde, tandis que eux se trouvent
encore dans le monde ; moi j'irai à toi, Père saint ; garde-les en
ton nom que tu m'as donné ¹, afin qu'ils soient uns, comme nous.
²⁵ **12**. Quand j'étais avec eux je les gardais en ton nom que tu m'as
donné ¹, et je les ai gardés ; aucun d'entre eux n'a péri, sauf
le Fils de la perdition, afin que l'Écriture s'accomplisse. **13**. Et
maintenant je viens à toi. (p. 113) Cela je le dis pendant que je
me trouve dans le monde, afin que ma joie soit parfaite pour eux.
³⁰ **14**. Moi je leur ai donné ta parole, et le monde les a détestés, parce
qu'ils ne sont pas du monde, de même que moi non plus je ne
suis pas du monde. **15**. Je n'ai pas demandé que tu les enlèves du
monde, mais que tu les gardes du Pervers. **16**. Ils ne sont pas du
monde, de même que moi non plus je ne suis pas du monde. **17**. Puri-
³⁵ fie-les dans la vérité ; la parole qui est tienne est vérité. **18**. De
même que tu m'as envoyé au monde, moi aussi je les ai envoyés au

¹ *Sic.*

p. 37 monde ; **19**. et je me purifie pour eux, afin qu'eux aussi soient purifiés dans la vérité.

20. « Je n'ai pas prié pour ceux-là seuls, mais encore pour ceux qui croiront en moi par l'intermédiaire de ta parole ; **21**. afin (p. 114) qu'ils soient tous uns, comme tu es en moi, toi, Père, et moi aussi en toi, afin qu'eux aussi soient en nous, pour que le monde croie que c'est toi qui m'as envoyé. **22**. La gloire que tu m'as donnée, je la leur ai donnée, afin qu'ils soient un comme nous aussi sommes un. **23**. Je suis en eux, et tu es en moi, afin qu'ils soient parfaits, étant un, et que le monde sache que c'est toi qui m'as envoyé ; tu les as aimés, comme tu m'as aimé.

24. « Père, je désire que ceux que tu m'as donnés, soient eux aussi dans le lieu où je suis, afin qu'ils voient la gloire que tu m'as donnée ; car tu m'as aimé avant la constitution du monde. **25**. Père juste, le monde ne t'a pas connu, tandis que moi je te connais ; ceux-là aussi ont su que c'est toi (p. 115) qui m'as envoyé. **26**. Je leur ai appris ton nom et le leur apprendrai, afin que l'amour dont tu m'as aimé soit en eux ; moi je suis en eux. »

XVIII. **1**. Jésus, ayant dit cela, partit avec ses disciples vers l'autre côté du torrent du bois de cèdres, lieu où il y avait un jardin, dans lequel il entra avec ses disciples. **2**. Judas, qui allait le livrer, savait aussi qu'en ce lieu-là vraiment Jésus avait l'habitude de s'assembler souvent avec ses disciples. **3**. Judas, donc, prit la cohorte et des serviteurs de la part des grands prêtres et des Pharisiens ; il vint là avec des torches, des lampes et des armes.

4. Jésus savait tout ce qui allait lui arriver ; il sortit (et) leur dit : « Qui cherchez-vous ? » **5**. Ils dirent : « Nous cherchons Jésus (p. 116) de Nazareth. » Il leur dit : « C'est moi. » Judas, qui allait le livrer, se tenait aussi avec eux. **6**. Quand il leur dit : « C'est moi », ils reculèrent et tombèrent à terre. **7**. De nouveau il les interrogea { il les interrogea } : « Qui cherchez-vous ? » Et eux dirent : « Jésus de Nazareth. » **8**. Jésus répondit et leur dit : « Je vous
p. 38 ai dit que c'est moi ; si donc c'est pour moi que vous êtes venus, lâchez ceux-ci, qu'ils s'en aillent. » **9**. Afin que s'accomplisse la parole qu'il avait dite : « De ceux que tu m'as donnés je n'en ai fait périr aucun. »

10. Simon-Pierre avait en main une épée, il la dégaina, frappa sur le serviteur du grand prêtre et lui trancha l'oreille droite ; le nom

du serviteur était Malchos.   **11**. Jésus dit (p. 117) donc à Pierre :
« Mets l'épée en sa gaine ; le calice que mon Père m'a donné, ne
le boirai-je pas ? »

12. Donc la cohorte, le chiliarque et les serviteurs des Juifs s'em-
5 parèrent de Jésus ; ils le lièrent,   **13**. l'amenèrent à Anne d'abord,
car il était le beau-père de Caïphe, qui était grand prêtre cette année-
là.   **14**. C'est Caïphe qui avait donné aux Juifs le conseil : « Il est
préférable qu'un homme meure pour le peuple. »

15. Simon-Pierre, et un autre disciple, suivaient Jésus. Ce disciple-
10 là était une connaissance du grand prêtre ; il entra avec lui dans la
cour du grand prêtre, avec Jésus,   **16**. tandis que Pierre se tenait en
dehors de la porte. Le disciple, qui était une connaissance du grand
prêtre, sortit (p. 118) et parla à la concierge ; alors il introduisit
Pierre.   **17**. La servante dit à Pierre : « Est-ce que toi aussi tu
15 n'es pas des disciples de cet homme ? » Il répondit et dit : « Non. »
18. Les servants et les serviteurs se tenaient (là) aussi, activant un
brasier, — il faisait froid dehors, — et se chauffaient ; Pierre, lui
aussi, se tenait (là), se chauffant.

19. Le grand prêtre interrogeait Jésus sur ses disciples et sur sa
20 doctrine.   **20**. Jésus lui répondit : « Moi j'ai parlé au monde avec
franchise ; moi en tout temps j'enseignais dans une synagogue et
dans le temple, lieu où tous les Juifs se rassemblent ; je n'ai dit
aucune parole en cachette.   **21**. Pourquoi m'interroges-tu ? (p. 119)
Interroge ceux qui ont entendu sur ce que je leur ai dit ; voici que tous
25 ceux-là savent ce que moi j'ai dit. »   **22**. Quand il eut dit cela, un des
serviteurs se tenant là donna un coup à Jésus en disant : « C'est   p. 39
ainsi que tu réponds au grand prêtre ? »   **23**. Jésus lui dit : « Si j'ai
mal parlé, démontre mon mal ; et si c'est bien, pourquoi me frappes-
tu ? »   **24**. Anne, alors, l'envoya enchaîné au grand prêtre Caïphe.
30 **25**. Simon-Pierre se tenait là se chauffant ; on lui dit : « Est-ce
que toi aussi (tu es) de ses disciples ? » Il nia : « Non. »   **26**. L'un
des serviteurs du grand prêtre, qui était parent de celui dont Pierre
coupa l'oreille, dit : « Moi je t'ai vu dans le jardin avec lui. »   **27**. De
nouveau Pierre nia ; (p. 120) aussitôt un coq chanta.

35 **28**. Après cela Jésus fut emmené de chez Caïphe au prétoire ;
c'était le matin. Eux ils n'entrèrent pas au prétoire, pour ne pas se
souiller, mais afin de manger la pâque.   **29**. Pilate sortit devant
eux et leur dit : « Quelle accusation portez-vous contre cet homme ? »

30. Ils répondirent en disant : « Si celui-là n'avait pas fait le mal, nous ne te l'aurions pas livré. » **31**. Pilate leur dit : « Prenez-le, vous, et jugez-le selon votre Loi. » Les Juifs lui dirent : « Il ne nous est pas permis de faire périr quelqu'un. » **32**. C'est afin que s'accomplît la parole que Jésus avait dite en leur apprenant de ₅ quelle mort il allait mourir.

33. Pilate entra alors au prétoire, appela Jésus et lui dit : « C'est toi le roi des Juifs? » (p. 111 *sic*) **34**. Jésus répondit et lui dit : « Est-ce toi qui le dis de toi-même, ou bien sont-ce d'autres qui te l'ont dit de moi? » **35**. Pilate répondit et dit : « Suis-je un Juif, ₁₀ moi aussi? Ta nation à toi et les grands prêtres t'ont livré à moi; qu'as-tu fait? » **36**. Jésus répondit et dit : « Mon royaume à moi n'est pas un (royaume) de ce monde; si mon royaume était de ce monde, mes serviteurs combattraient pour moi, pour que je ne sois pas livré aux mains des Juifs; et maintenant mon royaume n'est pas un ₁₅ (royaume) de ce monde. » **37**. Pilate lui dit : « Donc tu es roi? »
p. 40 Jésus répondit : « C'est toi qui dis que je suis <un roi; et j'ai été> mis au monde pour cette chose; c'est pourquoi je suis venu dans le monde pour que je témoigne dans la vérité (p. 122); quiconque est un de la vérité écoute ma voix. » Pilate lui dit : « Qu'est-ce ₂₀ que la vérité? »

38. Ayant dit cela, il sortit chez les Juifs et leur dit : « Moi je ne trouve aucun (chef) d'accusation le concernant. **39**. C'est votre coutume que je vous relâche quelqu'un pendant la Pâque; désirez-vous donc que je vous relâche le roi des Juifs? » **40**. Ils crièrent ₂₅ tous en disant : « Pas celui-là, mais Barabbas. » Barabbas était un brigand.

XIX. **1**. Alors Pilate prit Jésus et le fouetta. **2**. Les soldats aussi tressèrent une couronne d'épines, la placèrent sur sa tête; ils le revêtirent d'un habit de pourpre; **3**. ils venaient à lui en lui disant : ₃₀ « Salut, roi des Juifs »; ils lui donnaient (des) coups.

4. Pilate sortit encore et leur dit : « Voici que je vais l'amener devant vous, afin que vous sachiez que je ne trouve (p. 123) aucun (chef) d'accusation le concernant. » **5**. Jésus donc sortit, ayant sur sa tête la couronne d'épines, portant l'habit de pourpre. Il leur dit : ₃₅ « Voici l'homme. » **6**. Quand les grands prêtres et les serviteurs le virent, ils crièrent en disant : « Pendez-le, pendez-le! » Pilate leur dit : « Prenez-le, vous, pendez-le; car moi je ne trouve pas de grief contre lui. » **7.** Les Juifs répondirent : « Nous, nous avons une Loi, et selon notre Loi il mérite la mort, parce qu'il s'est fait le Fils de Dieu. »

8. Lorsque donc Pilate entendit cette parole, il eut peur. **9.** Il
5 rentra au prétoire et dit à Jésus : « Toi, d'où es-tu ? » et Jésus ne lui donna pas de réponse. **10.** Pilate lui dit : (p. 124) « Pourquoi ne me parles-tu pas ? Ne sais-tu pas que j'ai le pouvoir de te pendre, que j'ai le pouvoir de te relâcher ? » **11.** Jésus répondit et lui dit : « Tu n'aurais aucun pouvoir contre moi, sauf qu'il te fut donné
10 d'en-haut ; c'est pourquoi celui qui m'a livré à toi a un grand péché. » p. 41
12. C'est pourquoi Pilate cherchait à le relâcher ; tandis que les Juifs criaient : « Si tu relâches celui-là, tu n'es pas l'ami du roi ; car quiconque se fait roi s'oppose au roi.

13. Lorsque Pilate entendit ces paroles, il amena Jésus dehors, et
15 s'assit sur le bêma à l'endroit appelé 'l'étendue de pierres', et en hébreu Gappatha. **14.** C'était le vendredi de la Pâque, et c'était la sixième heure ; il dit aux Juifs : « Voici votre roi. » **15.** (p. 125) Et eux s'écrièrent : « Pendez-le ! » Pilate leur dit : « Je pendrais votre roi ? » Les grands prêtres répondirent : « Nous n'avons pas de
20 roi en dehors du roi. » **16.** Alors il le leur livra pour qu'ils le pendent. Et eux ils emmenèrent Jésus.

17. Il partit chargé du mât, jusqu'à l'endroit appelé en hébreu Golgotha, **18.** lieu où ils le pendirent. Ils pendirent avec lui également deux brigands, un à sa droite, un à sa gauche ; ils pendirent
25 Jésus entre eux. **19.** Pilate écrivit un titre qu'il plaça sur le mât ; il était écrit dessus : Jésus de Nazareth roi des Juifs. **20.** Une foule de Juifs le lirent, parce que le lieu où on le pendait était près de la ville ; il était écrit en hébreu, en romain et en grec. **21.** Les grands prêtres dirent à (p. 126) Pilate : « N'écris pas : Roi des Juifs, mais
30 que c'est lui qui a dit : Je suis le roi des Juifs. » **22.** Pilate leur répondit « Ce que j'ai écrit, je l'ai déjà écrit. »

23. Quand les soldats eurent pendu Jésus, ils enlevèrent ses vêtements, en firent quatre parts, les soldats prirent une part pour chacun, — et aussi la tunique ; cette tunique était sans couture, tissée
35 entièrement depuis le haut. **24.** Ils dirent les uns aux autres : « Ne la partageons pas, mais tirons-la au sort pour voir à qui elle est : pour que s'accomplisse l'Écriture : *Ils ont partagé mes habits entre eux, ils ont aussi tiré au sort mon vêtement* (Ps. XXII, 19).

Ce sont les soldats qui firent cela. **25**. Près du mât de Jésus se tenaient sa mère, la sœur de sa (p. 127) mère, Marie, une de Clopa, et Marie la Madeleine. **26**. Jésus, ayant vu sa mère et le disciple

p. 42 qu'il aimait se tenant là, dit à sa mère : « Femme, voici ton fils. » **27**. Puis il dit au disciple : « Voici ta mère. » Alors le disciple la prit dans sa maison. ₅

28. Après cela, Jésus sachant que toute chose est achevée, afin que s'accomplît l'Écriture dit : « J'ai ˙soif. » (cfr Ps. LXIX, 22). **29**. Il y avait là un vase plein de vinaigre ; on monta une éponge pleine de vinaigre sur une (tige) d'hysope, et on l'approcha de sa ₁₀ bouche. **30**. Quand donc on lui eut donné le vinaigre, il dit : « Tout est achevé » ; il pencha la tête et rendit l'esprit.

31. Comme c'était le sixième jour, afin que les corps ne restent pas au mât pendant le jour du sabbat, — vraiment ce sabbat-là était un grand jour, — les Juifs demandèrent à Pilate qu'on leur brisât ₁₅ les jambes (p. 128) et qu'on les emportât. **32**. Les soldats vinrent, ils brisèrent les jambes du premier et de l'autre qui avait été pendu avec lui. **33**. Quand ils arrivèrent à Jésus, ayant vu qu'il était déjà mort, ils ne lui brisèrent pas les jambes ; **34**. mais l'un des soldats lui perça le flanc d'un (coup) de lance ; aussitôt sortirent ₂₀ du sang et de l'eau. **35**. Celui qui vit l'attesta, et son témoignage est vrai ; c'est lui qui sait que vrai est ce qu'il dit, afin que vous croyiez vous aussi. **36**. Et cela est arrivé afin que l'Écriture s'accomplisse : *Un os de lui, vous ne le briserez pas.* (Ex. XII, 46 ; Ps. XXXIV, 21). **37**. Une autre Écriture encore : *On verra celui qui* ₂₅ *fut transpercé.* (Zach., XII, 10).

38. Après cela Joseph d'Arimathie, qui fut disciple de Jésus mais en cachette par crainte des Juifs, demanda à Pilate de (pouvoir) enlever le corps de Jésus ; alors Pilate lui donna le pouvoir ; (p. 129) il vint donc et il enleva le corps. **39**. Nicodème aussi, lui qui anté- ₃₀ rieurement était allé de nuit à Jésus, vint portant un bandage (?) de myrrhe et d'aloès d'environ cent livres. **40**. Ils enlevèrent le corps de Jésus, l'ensevelirent dans des habits de lin et aussi des aromates, selon la coutume des Juifs d'ensevelir. **41**. Il y avait un jardin à l'endroit où il fut pendu ; dans le jardin il y avait un tombeau ₃₅ neuf où aucun mort n'avait encore été placé. **42**. Ils l'y placèrent, à cause du vendredi des Juifs, parce que le tombeau était proche ; ils y placèrent Jésus.

XX. **1**. Le premier de la Semaine, Marie la Madeleine vint le matin p. 43
au tombeau alors qu'il faisait encore obscur au dehors, elle vit qu'on
avait enlevé la pierre à l'entrée du tombeau. **2**. Elle courut et
vint chez Simon-Pierre et (chez) le disciple que Jésus aimait. (p. 130)
Elle leur dit : « On a enlevé notre Seigneur du tombeau, nous ne
savons pas où on l'a placé. »

3. Pierre donc partit avec l'autre disciple ; ils allèrent jusqu'au
tombeau. **4**. A deux ils couraient ensemble, mais le disciple courut
plus vite que Pierre et arriva le premier au tombeau. **5**. Il regarda
dedans, il vit les habits de lin déposés, mais il n'était pas entré.
6. Simon-Pierre arriva aussi à sa suite ; il alla dans le tombeau, il
vit les habits de lin déposés, **7**. et le suaire qui avait été posé sur
sa tête ; il n'était pas déposé avec les autres habits de lin, mais
déposé à part, enroulé au même endroit. **8**. Alors l'autre disciple,
arrivé le premier, entra ; il vit, il crut. **9**. Car ils n'avaient pas
encore compris l'Écriture : qu'il fallait qu'il ressuscite d'entre les
morts. (p. 131) **10**. Alors les disciples s'en allèrent à leur maison.

11. Marie, elle, se tenait dehors près du tombeau en pleurant ;
comme elle pleurait, elle regarda à l'intérieur du tombeau ; **12**. elle
vit deux anges en habits brillants, assis l'un à la tête, l'autre aux
pieds de la place où s'était trouvé le corps de Jésus. **13**. Ils lui
dirent : « Femme, pourquoi pleures-tu ? » Elle leur dit : « On a
enlevé mon Seigneur et je ne sais où on l'a placé. » **14**. Ayant
dit cela elle tourna la tête en arrière et vit Jésus se tenant là, mais
elle ne savait pas que c'était Jésus. **15**. Il dit : « Femme, pourquoi
pleures-tu ? qui cherches-tu ? » Et elle, elle pensait que c'était le
jardinier du jardin ; elle lui dit : « Mon Seigneur, est-ce toi qui l'as
enlevé ? dis-le moi : où l'as-tu mis, et moi je l'enlèverai. » **16**. Jésus
répondit et lui dit : « Marie ! » Celle-ci se retourna et lui dit en
hébreu (p. 132) : « Rabboni ! » ce qui est interprété : maître. **17**. Jésus
lui dit : « Ne me touche pas, car je ne suis pas encore monté à mon
Père ; va-t-en chez mes frères, dis-leur que je monterai à mon Père,
qui est votre Père, et mon Dieu, qui est votre Dieu. » **18**. Marie
la Madeleine alla, elle annonça aux disciples : « J'ai vu le Seigneur,
il m'a dit cela. »

19. Au soir de ce jour, le premier jour de la semaine, les portes p. 44
du local où se trouvaient les disciples étaient fermées, à cause de
la crainte des Juifs. Jésus vint, se tint là au milieu d'eux et leur

ne mourrait pas. Jésus ne lui avait pas dit : « Il ne mourra pas »,
mais : « Si je veux le laisser jusqu'à ce que je sois en train de venir,
que t'importe, à toi ? »

24. C'est ce disciple qui a témoigné de cela, (p. 139) et c'est lui
qui l'a écrit ; et nous savons que vrai est son témoignage. **25**. Il ⁵
y a encore beaucoup d'autres (choses) que Jésus, le Christ, a faites ; si
elles étaient écrites en détail, je vous l'affirme, le monde ne pourrait
contenir les livres qu'on écrirait.

Évangile
selon Jean.   10

GENÈSE

I. 1. Au commencement Dieu fabriqua le ciel et la terre. 2. La p. 47
terre était invisible et chaotique, l'obscurité se trouvait sur l'abîme,
un esprit de Dieu venait sur les eaux. 3. Dieu dit : « Que la
lumière soit ». La lumière fut. 4. Dieu vit que la lumière était
bonne ; Dieu sépara la lumière de l'obscurité. 5. Dieu appela 'jour'
la lumière, et à l'obscurité il donna nom 'nuit'. Soir fut, matin fut
du premier jour.

6. Dieu dit : « Qu'un 'firmament' soit au milieu des eaux ; qu'il
soit séparant les eaux des eaux. » Et il fut ainsi. 7. Dieu fabriqua
(p. 2) le firmament ; Dieu sépara l'eau d'au-dessus du firmament,
des eaux d'au-dessous du firmament. 8. Il nomma 'ciel' le firmament ; Dieu vit qu'il était bon. Soir fut, matin fut du second jour.

9. Dieu dit : « Que l'eau s'amasse en son amas, que ce qui est
sec apparaisse. » Il en fut ainsi ; et les eaux d'au-dessous du ciel
s'amassèrent en leurs amas, et <ce qui est sec apparut, 10. et>
Dieu nomma 'terre' ce qui est sec ; le lieu de rassemblement des
eaux, il (le) nomma 'les mers'. Dieu vit qu'ils étaient bons. 11.
Dieu dit : « Que la terre produise des herbes portant semence selon
espèce par espèce et selon leurs formes, (p. 3) et un arbre fertile
ayant en lui sa graine, selon espèce par espèce sur la terre. »
Il en fut ainsi. 12. Alors la terre produisit toute (sorte) d'herbes portant semence, espèce par espèce et selon leur aspect, et
un arbre fertile ayant en lui sa graine espèce par espèce, sur la
terre. Et Dieu vit qu'ils étaient bons. 13. Soir fut, matin fut
du troisième jour.

14. Dieu dit : « Que soient des luminaires dans le firmament du p. 48
ciel, afin qu'ils éclairent la terre, pour séparer le jour de la nuit ;
qu'ils soient comme des signes et des saisons et des jours et des
années. 15. Qu'ils soient brillants dans le firmament (p. 4) du
ciel, de sorte qu'ils éclairent la terre. » Et il en fut ainsi. 16. Et
Dieu fabriqua les deux grandes lumières majeures : la grande lumière
en archonte sur le jour ; la petite en archonte de la nuit, et les
étoiles. 17. Dieu les plaça dans le firmament du ciel, de sorte qu'ils

sauvages des champs, mais il ne se trouva pas d'aide pour Adam qui fût semblable à lui. **21.** Dieu jeta un engourdissement de sommeil sur Adam, qui s'endormit; il lui prit une côte dans son flanc, il remplit la place de chair, en compensation. **22.** Et le Seigneur Dieu bâtit la côte, qu'il prit d'Adam, en femme, et il l'amena près d'Adam. **23.** Adam dit : « Celle-là maintenant est un os de mes os, et une chair de ma chair; celle-là sera appelée femme, parce qu'elle fut tirée de son mari. » **24.** C'est pourquoi l'homme laissera son père et sa mère, il s'attachera à sa femme, les deux ne faisant qu'une seule chair. **25.** Et ils étaient (p. 13) nus tous deux, Adam et sa femme; ils ne rougissaient pas.

p. 51   III. **1.** Le serpent, lui, était plus avisé que toutes les bêtes sauvages se trouvant sur la terre, que Dieu avait fabriquées. Le serpent dit à la femme : « Pourquoi Dieu a-t-il dit : Vous ne mangerez pas de tous les arbres qui sont dans le paradis? » **2.** La femme dit au serpent : « De tous les arbres qui sont dans le paradis nous mangerons; **3.** mais d'autre part, du fruit de l'arbre qui est au milieu du paradis Dieu nous a dit : Vous n'en mangerez pas, et vous n'y toucherez pas, afin que vous ne mourriez pas. » **4.** Le serpent dit à la femme : « Vous ne mourriez pas de mort; **5.** car Dieu sait que, le jour où vous (p. 14) en mangeriez, vos yeux s'ouvriraient {vos yeux s'ouvriraient}, vous {yeux} seriez comme des dieux connaissant le bien et le mal. » **6.** La femme vit que l'arbre était bon à manger, beau à voir {à voir} et à poser l'œil sur lui; elle prit de son fruit, elle mangea, elle partagea avec son mari aussi; ils mangèrent. **7.** Leurs yeux s'ouvrirent à deux; ils surent qu'ils étaient nus, ils se cousirent des feuilles de figuier, ils se fabriquèrent des pagnes, et il s'en ceignirent.

8. Ils entendirent la voix du Seigneur Dieu marchant au milieu du paradis à l'heure du soir; Adam et sa femme se cachèrent de devant la face du Seigneur Dieu, parmi le boisement du paradis. **9.** (p. 15) Le Seigneur Dieu appela Adam, il lui dit : « Adam, où es-tu? » **10.** Il dit : « C'est ta voix que j'ai entendue, alors que tu marchais au milieu du paradis; j'ai eu peur parce que je suis nu; je m'en suis allé, je me suis caché. » **11.** Il lui dit : « Qui t'as appris que tu es nu? Si ce n'est que tu as mangé de l'arbre pour lequel je t'avais ordonné : de celui-là seul ne mange pas; et tu (en) as mangé! » **12.** Adam dit : « La femme que tu m'as donnée, c'est

elle qui m'a donné, et j'ai mangé de l'arbre. » **13**. Dieu dit à la
femme : « Pourquoi as-tu fais cela ? » La femme dit : « C'est le
serpent qui m'a trompée, et j'ai mangé. » **14**. Le Seigneur Dieu dit
au serpent : {pourquoi} « Parce que tu as fais cela, tu es maudit,
5 toi, entre toutes les bêtes sauvages de la terre et les bestiaux ; (p. 16)
tu marcheras sur ta poitrine et ton ventre ; tu mangeras de la terre
tous les jours de ta vie ; **15**. Je mettrai une inimitié entre toi et
la femme, et entre ta descendance et sa descendance : toi tu guetteras p. 52
sa tête à elle, elle guettera ton talon à toi. » **16**. Il dit à la femme :
10 « En pleine abondance je ferai que ta tristesse abonde ainsi que tes
soupirs ; tu mettras tes enfants au monde dans la tristesse ; tu te
tourneras vers ton mari, (et) lui te dominera. » **17**. Il dit à Adam :
« Puisque tu as obéi à la voix de ta femme et que tu as mangé de
l'arbre pour leqûel j'ai ordonné : De celui-là seul ne mange pas
15 et que tu (en) a mangé, la terre est maudite (p. 17) de par tes œuvres ;
18. elle te produira des épines et des chardons ; tu mangeras de la
terre, tu mangeras de l'herbe des champs ; **19**. tu mangeras ton
pain à la sueur de ta face jusqu'à ce que tu retournes à la terre,
de laquelle tu fus tiré ; parce que tu es une terre, tu retourneras
20 aussi à la terre. » **20**. Adam appela le nom de sa femme « Zoé »
(Vie), parce que celle-là est la mère de tous les vivants.

21. Le Seigneur Dieu fabriqua pour Adam et sa femme des habits
de peau, et les en revêtit. **22**. Le Seigneur Dieu dit : « Voici
qu'Adam est un de notre manière dans la connaissance du bien et
25 du mal. (p. 18) Maintenant donc, il ne faut pas qu'il étende sa
main, et prenne de l'arbre de vie, mange et vive toujours. » **23**. Et
le Seigneur Dieu les envoya hors du paradis de plaisir, afin qu'il
travaille à la terre d'où il avait été tiré. **24**. Et Adam fut jeté
dehors ; il demeura en face du paradis de plaisir ; il (le Seigneur)
30 plaça un Chérubin de feu avec l'épée tournoyante pour garder le
chemin de l'arbre de vie.

IV, **1**. Adam connut sa femme ; elle fut enceinte, elle enfanta un
fils ; elle lui donna nom Caïn, en disant : « Voici que j'ai acquis
un fils de par Dieu. » **2**. Elle recommença, elle enfanta son autre
35 fils, Abel. (p. 19) Abel devint un berger de brebis, tandis que Caïn
travaillait la terre : —

Fin du Papyrus Bodmer III.

TABLE DES MATIÈRES

ADDENDA ET CORRIGENDA

Page 3, ligne 24 : heure,	lire : heure hier.
l. 24 : apprend,	l. apprendra.
l. 27 : juge,	l. jugera.
P. 7, l. 15 : le Père,	l. Dieu le Père.
l. 24 : du pain,	l. le pain.
l. 29 : croira,	l. croit.
P. 8, l. 13 : En vérité,	l. En vérité, en vérité
P. 9, l. 24 : supprimer : aussi.	
P. 11, l. 1 : la foule,	l. les foules.

P. 13, lignes 3 et 4 : Quand le Fils de l'homme sera élevé, alors vous comprendrez qui je suis, l. Quand vous élèverez le Fils de l'homme, alors vous comprendrez que c'est moi.

l. 30 : seul,	l. < seul >.
l. 37 : la vérité n'est,	l. < la vérité > n'est.
P. 14 l. 3, supprimer : vous.	
l. 20 : qu'il est votre Dieu,	l. : « C'est notre Dieu ».
P. 16, l. 30, ajouter en début de ligne : **41**.	
l. 31 : que vous voyez (clair)	l. « Nous voyons (clair) ».
P. 19, l. 17 : sommeil de la mort,	l. endormissement de sa mort.
l. 18 : repos,	l. endormissement.
P. 20, l. 4 : dans,	l. auprès d'elle dans.
l. 5 : Marthe,	l. Marie.
l. 12 : Viens,	l. Seigneur, viens,
P. 26, l. 30 : garderez,	l. garde<re>z.
P. 27, l. 25 : rien,	l. rien de lui.
P. 28, l. 4 : ma parole reste,	l. mes paroles restent.
P. 30, l. 20 : ces jours,	l. ce jour.
l. 25 : image,	l. images.
l. 26 : image,	l. images.

P. 31, l. 18, après : données, ajouter : et eux aussi les ont reçues vraiment, parce que c'est d'auprès de toi que je suis venu;

P. 32, l. 4 : ta,	l. leur.

P. 33, lignes 24 et 25 : tous ceux-là savent, l. ceux-là savent tout.

P. 34, l. 17 : et j'ai,   l. et> moi <j'ai.

P. 37, l. 36, supprimer le second : jour.

P. 41, l. 12 : des eaux,   l. de l'eau.

   l. 19, supprimer : selon.

   l. 21, supprimer : selon.

P. 42, l. 5 : firmament,   l. firmament du ciel.

   l. 17 : Il vit,   l. Dieu vit.

   l. 30, après : les bestiaux de la terre, ajouter : et les bêtes sauvages de la terre.

P. 43, l. 5 : tout,   l. toute.

   l. 38, premier : toutes les bêtes, l. tous les bestiaux.

P. 45, l. 34-35 : son **autre fils,** l. **aussi son frère.**